LA PRINCESSE

LOUISE DE CONDÉ,

1867

Nimes, — imprimerie Lafare et Attenoux, pl. de la Couronne, I.

LA PRINCESSE

LOUISE DE CONDÉ,

EN RELIGION :

SŒUR MARIE-JOSEPH DE LA MISÉRICORDE [1]

I

Parmi les plus grands noms de nos annales militaires, je ne sais si le plus grand n'est pas celui de Condé. L'illustre évêque de Meaux semblait au moins le penser, alors que, sur le point d'atteindre aux plus hauts sommets de l'éloquence humaine, dans l'oraison funèbre de Louis de Bourbon, il s'excusait, avec une simplicité sublime, de ne pouvoir « satisfaire à la reconnaissance publique » et célébrer dignement un prince « qui avait honoré, pour ainsi dire, l'humanité tout entière. »

Depuis l'heure où Bossuet prononçait cet éloge solennel et, dans un parallèle mémorable, opposait l'un à l'autre, pour les mieux louer, les deux plus vaillants capitaines de son siècle, le sang français a coulé sur bien des champs de bataille ; nous avons ajouté bien des triomphes à la chaîne, déjà si longue, de nos victoires ; nous avons salué les exploits de beaucoup de généraux, continuateurs intrépides des glorieuses traditions de nos armées. Et cependant, par un rare privilége, après un siècle écoulé, Condé n'a rien perdu, devant la postérité, du prestige incomparable qu'il exerça sur ses contemporains ! Il semble encore « paraître tout seul, aussi grand, aussi respecté que lorsqu'il donnait des ordres, et que tout marchait à sa parole ! »

C'est que le vainqueur de Rocroi, par une de ces fortunes extraordinaires, dont la Providence est avare vis-à-vis des héros, avait transmis à ses descendants, avec des aptitudes militaires peu communes, l'héritage d'une bravoure exceptionnelle, étonnante même pour des Français. Aussi « la Branche de Lau-

---

[1] Cette notice est entièrement composée sur les documents, si précieux et si nombreux, que M. Crétineau-Joly a réunis dans sa récente *Histoire des trois derniers Princes de la maison de Condé*. (Paris. Amyot, rue de la Paix, 1867.) Nous signalons cet ouvrage à tous ceux qui aiment la France et la gloire ; la lecture de ce beau livre rassasiera leur âme affamée.

rier » (1), était-elle, parmi nous, l'objet d'une sorte de culte universel. Dès qu'un de ses princes venait dans un camp, on eût dit qu'il y amenait avec lui de nouveaux trésors de courage. Chefs et soldats se sentaient plus sûrs de vaincre.

Hélas ! cette popularité si légitime eut à subir, de 1792 à 1800, des épreuves auxquelles les trois derniers Condé ne s'étaient, certes ! pas attendus. Ces princes, si profondément dévoués à leur pays (2), eurent la mission douloureuse de combattre des compatriotes et des concitoyens. Mais, là encore, malgré leurs divisions si profondes et si invétérées, on vit les deux armées rivales s'unir dans une commune admiration, dans une commune sympathie, pour les vaillants chefs des émigrés.

Au pont de Munich, en repoussant le général Moreau, le duc d'Enghien fit de tels prodiges d'audace et de sang-froid que les soldats républicains, ravis d'enthousiasme, se mirent à l'applaudir et à saluer son panache blanc, toutes les fois qu'il se montrait, au milieu de la fumée, dans des nuages de poussière.

Presque à la même époque, et dans la même campagne, le jeune Capitaine, sur qui reposaient tant de souvenirs et tant d'espérances, écrivait à son grand-père, en lui racontant les débuts de son commandement :

« Chaque coup de canon que j'ai fait tirer, faisait un trou de vingt pas de large, et les patriotes ne reculaient pas…. Ce sont des dieux. Comme ils se battent ! En vérité, à présent, je ne sais auquel des deux, de nos troupes ou des leurs, donner la pomme pour le courage ! » (3)

Tels avaient été depuis leur illustre aïeul, tels étaient encore au moment où commença la Révolution, les généreux représentants d'une famille que les dons de l'esprit et du cœur enrichissaient à la fois, comme par droit de succession.

Si l'on compare pourtant les trois princes l'un à l'autre, cette comparaison révèle la supériorité marquée du prince de Condé et de son petit-fils, le duc d'Enghien, sur le duc de Bourbon, leur des deux générations. Blasé par des passions précoces, dont l'empire impitoyable devait s'étendre jusque sur sa vieillesse pour en ternir la majestueuse mélancolie, ce dernier possédait encore la hauteur, mêlée de simplicité, la tenue fière et virile, la dédaigneuse indifférence qui forment les dehors

<hr>

(1) Surnom de la famille de Condé. — (Crétineau-Joly, i. p. 4).

(2) Voir dans M. Crétineau-Joly, i. p. 58 et iii, les citations relatives à la formation de l'armée des Princes et aux projets du général Pichegru.

(3) Crétineau-Joly, page 152.

et comme le vernis extérieur d'une âme, faite pour commander. Il lui manquait ce que son père avait toujours conservé : la dignité sévère des mœurs ; il n'avait jamais eu ni l'attachante vivacité de son fils, ni ce charme singulier dont une intrépidité presque téméraire revêt, surtout en France, ceux qui tiennent leur jeunesse et leur vie à la merci du premier coup de feu, dès qu'il s'agit d'honneur et de devoir.

Au contraire, le prince de Condé et le duc d'Enghien, l'un par ses talents et la noble intégrité de sa conduite, l'autre par son âge et sa valeur, se présentent à la postérité, sinon sans défauts, au moins protégés par leurs grandes actions, et par des actions auxquelles la mort et le malheur ont donné une sorte de consécration suprême.

Dieu cependant n'a pas voulu que cette grande race disparût, avant de laisser d'elle-même une image achevée, où pas une ombre fâcheuse ne vînt jeter ses ténèbres, où la splendeur céleste de la perfection chrétienne couronnât d'un diadème éclatant la générosité naturelle du cœur et la fermeté traditionnelle du caractère.

C'est la princesse Louise, fille du prince de Condé, sœur du duc de Bourbon, tante du duc d'Enghien, qui nous offre ce type complet d'une âme où la grandeur s'unît à la sainteté. C'est en elle que le courage viril, le mépris des richesses, le culte jaloux de l'honneur servent de fondement et d'appui à la foi la plus sincère, à la piété la plus ardente, à la charité la plus vraie, à cet ensemble enfin des plus hautes vertus, sans lesquelles, pour emprunter un mot profond de Bossuet, « toutes les plus belles qualités d'une excellente nature ne seraient qu'une illusion » (1).

II

Le 5 octobre 1757, à Chantilly, Mme la Princesse de Condé, née Rohan-Soubise, donnait le jour à une fille, baptisée sous le nom de Louise et sous le titre de *Mademoiselle*. Cette enfant, prédestinée à connaître « toutes les extrémités des choses humaines », naissait dans une atmosphère, imprégnée des séductions les plus perfides d'un siècle corrupteur.

On sait ce que le grand Condé avait fait de la terre seigneuriale où, dès l'âge de 54 ans, « si chargé de gloire qu'il avait peine à marcher », il était allé chercher le repos. C'était une sorte

(1) Voir *Exorde de l'oraison funèbre de Louis de Bourbon.*

de Cour, moins assujétie à l'étiquette que celle de Versailles, mais aussi majestueuse et composée des plus célèbres personnages de la France. Là, « parmi de superbes allées, au bruit de mille jets d'eau qui ne se taisaient ni jour ni nuit, » au milieu des arbres les plus rares et des fleurs les plus exquises, se promenaient ensemble et conversaient sur la religion, la littérature, l'art ou la stratégie, Bossuet, La Bruyère, Racine, Boileau, des magistrats éminents, des hommes de guerre consommés.

Aux nobles plaisirs de l'intelligence, « dans cette magnifique et délicieuse maison », succédaient tous les plaisirs que le monde recherche et auxquels il se plaît. Le théâtre, les jeux agréables d'une société polie, la chasse surtout, la chasse à courre à travers des forêts immenses, c'étaient les distractions, offertes chaque jour aux hôtes de Chantilly. De 1675 jusqu'à 1757, ces habitudes opulentes s'étaient perpétuées et même étendues.

Aussi, tout ce que l'armée comptait de plus brillants officiers, les premiers gentilshommes, les femmes les plus distinguées tenaient à honneur de visiter souvent les Condé, dans leur demeure vraiment royale, où des fêtes, sans cesse renouvelées, écartaient jusqu'à la première impression de la fatigue ou de la satiété.

Pour une âme, naturellement ardente, ainsi violemment arrachée à elle-même, et livrée aux entraînements du monde comme à un tourbillon, ce mouvement continuel devait se transformer vite en un besoin impérieux.

La princesse Louise, dès son plus bas âge, se vit emportée, par un attrait trop facile à expliquer, vers cette agitation sans trêve, plus dangereuse encore que stérile.

On a conservé d'elle un mot naïf, qui la peint tout entière, à ce moment de sa vie. — Où voulez-vous aller, Mademoiselle, lui demandait, un jour, une de ses gouvernantes? — Là où l'on fait le plus de bruit, répartit l'enfant, avec vivacité.

Heureusement, une mère prudente veillait sur cette nature impressionnable. Madame la princesse de Condé, qui sentait se précipiter ses années, réussit à jeter rapidement les meilleures semences au fond le plus intime d'un cœur, sans secrets pour son inquiète sollicitude. Elle ne put continuer que peu de temps ce travail dont elle ne devait pas recueillir les fruits. Mais, lorsqu'elle quitta la vie, pendant la première enfance de sa fille, celle-ci avait déjà bu la liqueur exquise de piété, dont elle avait besoin pour se soutenir dans les luttes et les périls de la vie.

Puis, avec les leçons d'histoire qu'elle reçut, s'éleva, dans l'âme de Mme Louise, une barrière, infranchissable aux assauts les plus menaçants des passions. Le nom de Condé prit, devant sa conscience une telle valeur ; elle se sentit si fort liée par les exemples de ses aïeux que la seule pensée d'une bassesse, le soupçon le plus léger d'une souillure, lui devinrent plus redoutables que la mort. Ce n'était encore qu'une sorte d'orgueil ; mais cet orgueil purifié devait, plus tard, suffire à la défendre et décider sa vocation.

Privée de bonne heure des soins d'une mère tendre, dont, après de nombreuses années, la douce et sainte image lui semblait encore, du haut du Ciel, étendre sur elle et sur les siens, une ombre tutélaire (1), Mme Louise passa quelque temps au monastère de Beaumont-les-Tours, puis à celui de Panthémont, à Paris, sous la conduite de la princesse de Vermandois. Cette pieuse Abbesse avait décliné l'honneur de devenir reine de France, en refusant de s'unir au roi Louis XV; elle avait donc connu le monde et l'avait dédaigné, malgré les plus séduisantes promesses. Il n'en fallait pas tant pour lui assurer la confiance d'une nièce, instinctivement « portée au grand », et que la tentation du sacrifice attirait déjà.

Grâce à cette direction, affectueuse mais virile, Mme Louise revint à Chantilly, vers quatorze ou quinze ans, assez forte dans le bien pour s'y maintenir à jamais.

Dès cette époque lointaine, tandis que, dans la compagnie de son père et de son frère, elle errait sous les épais ombrages du parc, une pensée fixe venait l'assiéger. Par une sorte de préoccupation qu'une âme, aussi pénétrée que la sienne des priviléges et des responsabilités d'une illustre descendance, pouvait seule concevoir, elle se faisait une obligation rigoureuse de réparer les torts de ses aïeux, morts dans le parti de la réforme. « Nos ancêtres furent huguenos, disait-elle. Dieu sait quel est leur triste sort dans l'autre monde. Je me consacrerai tout entière au Seigneur, afin de racheter et d'effacer leurs erreurs. »

En entendant ces paroles ou d'autres semblables, le prince de Condé, le duc de Bourbon souriaient. Ils ne devinaient pas quelle fermentation intérieure, quelle flamme dévorante consu-

---

(1) Le 25 septembre 1795, en envoyant à son père un médaillon, qui renfermait des cheveux de la princesse de Condé, sa mère, la future novice s'exprime ainsi : « que ce médaillon vous rappelle l'appui que vous avez dans le ciel et les vœux qui s'y adressent pour vous. »

maient déjà le cœur si fier de la noble jeune fille. Auraient-ils pu même la comprendre ?

Racheter les erreurs des siens, les effacer au prix des plus cruelles souffrances, ce n'était pas trop pour la généreuse enfant qui, trente ans après, confessait, avec une charmante humilité, que, rencontrant, un jour, dans une *Vie de Condé*, le récit d'un trait qui lui parut humiliant pour la mémoire de son arrière-grand-père, elle avait pris une plume et taché d'encre le riche in-quarto de la bibliothèque paternelle, afin que les lignes accusatrices « fussent lues, une fois de moins ». — « J'avais le visage en feu, s'écriait-elle, de penser qu'un de mes ancêtres avait plus écouté la nature que la dignité de son sang. »

Toutefois, cette ardeur si vive ne pouvait pas être impunément exposée à un séjour prolongé, parmi tout ce qui peut ravir le cœur et le subjuguer. La princesse ne sut pas demeurer entièrement insensible « aux signes de l'approbation qu'on donnait à sa figure ou à ses ajustements ».

Il y a plus. Mme Louise avait traversé la plus difficile période de sa jeunesse lorsque, à vingt-neuf ans, elle se sentit atteinte, et comme ébranlée, par les hommages discrets d'un jeune seigneur, attaché au service des Princes. Il y eut là, pour elle, un moment d'hésitation. Sans rien faire ni permettre qui put alarmer gravement sa vertu, la princesse commit pourtant l'imprudence d'écouter les aveux de M. de la Gervaisais et d'y répondre par écrit. Mais, après les premiers instants d'une surprise, trop facile à comprendre quand on a vu, par expérience, combien, à l'heure où les dernières illusions du cœur vont s'évanouir devant les rides de l'âge mûr, il semble cruel de renoncer à un attachement d'arrière-saison, « à la dernière rose qui puisse fleurir avant l'hiver », après cette courte et passagère surprise, Mme Louise rompit brusquement avec toutes les espérances du siècle ; et, à trente ans, en 1787, elle résolut de ne se marier jamais et d'entrer en religion, le plus tôt possible.

Diverses raisons l'empêchèrent d'exécuter immédiatement son dessein. D'abord, elle était, depuis quelques mois à peine, nommée par Louis XVI à l'abbaye de Remiremont ; la princesse voulait savoir si la vie capitulaire, telle qu'elle était alors pratiquée, satisfairait aux désirs de sa pénitence. Ensuite, les nuages sombres, dont le ciel politique était couvert, ne faisaient pas espérer que ce fut un temps opportun pour songer à commencer un noviciat. Mme Louise attendait les moments de la Providence quand, enlevée à son cher Chantilly par le souffle de

cette tempête du 14 juillet 1789 (prise de la Bastille), signe pré-
curseur de prochains bouleversements, plus profonds et plus terribles, elle dut prendre, avec tous les siens, le chemin de l'exil.
Louis XVI, contraint par les conseils de son entourage, pria la
famille de Condé de quitter la France.

III

Un voyage pénible conduisit jusques aux frontières, les trois
princes et Mme Louise. Sous l'appareil somptueux qui les avait
accompagnés au-delà du Rhin, commença bientôt à se glisser
une gêne, trop glorieuse pour que l'histoire la puisse oublier.

Les places manquaient dans les équipages ; « dix personnes se
mettaient dans les voitures à huit, six dans celles à quatre,
sans compter les pistolets, les cassettes, les culbutes pour crier
(très-inutilement) à la portière : Allons donc, postillon ; — et
le tout, en pleine canicule » (1).

L'argent faisait souvent défaut. On ne peut lire sans émotion
les conseils d'économie que le vieux Condé, presque réduit à la
misère, donnait à son bouillant et insouciant petit-fils. « Je vous
disais autrefois : jamais vous ne manquerez. Aujourd'hui, je vous
dis très-nettement : vous manquerez, et bientôt, ainsi que moi.
Je vois le moment où, faute de ressources, il faudra nous réunir
tous les trois, sans domestiques, et nous-mêmes.... Bientôt,
nous n'aurons plus le nécessaire » (2).

Puis, la guerre s'étant engagée entre la Convention et les
Emigrés, chacun des trois Princes prit le poste de combat qui
lui était assigné ; on fit à Mme Louise, une petite part de meu-
bles, de linge, d'argenterie, et seule avec quelques serviteurs
fidèles, elle se dirigea vers la Suisse, obligée d'abandonner
ainsi, sans savoir quand elle les pourrait retrouver, ceux qu'elle
aimait uniquement. Elle vint se fixer momentanément à
Fribourg.

C'est de là que, pendant ces terribles années, 1793, 94 et
95, la princesse de Condé suivit les événements de France et
les diverses fortunes de l'émigration. Plus perspicace que beaucoup d'hommes, cette femme courageuse vit bientôt que la Révolution ne finirait pas sitôt ; elle en comprit toute la portée ;

(1) Lettre de la Princesse, 11 juin 1788.
(2) Lettre du prince de Condé, 7 mars 1794.

elle en devina les conséquences, même éloignées. Aussi, les plus fatales nouvelles ne parvinrent pas à la surprendre ou à l'étonner.

Mais cette fermeté vaillante ne la rendait point insensible. Les malheurs de ce roi si bon, de cette reine si gracieuse, dont elle avait reçu jadis, à Versailles, de si affectueux témoignages d'estime ; surtout, la fin cruelle de la princesse de Lamballe et de Mme Elisabeth, auxquelles une amitié plus étroite la liait ; ces funestes images de mort et de deuil, partout assises dans les lieux où elle avait connu le bonheur, ramenèrent sa pensée vers la vocation qu'elle n'avait pu suivre jusqu'à cette époque.

« Plongée dans une douleur si intense que sa piété ne trouvait plus ici-bas d'aliment », pressée d'ailleurs par cette soif de sacrifice qui est l'héroïsme des élus, la princesse de Condé se décida à entrer dans un ordre où la règle fût très-sévère. Le plus difficile pour elle n'était pas de se déterminer, mais d'obtenir le consentement de son père. Le 7 août 1795, elle écrivit au prince de Condé.

« Si je ne vous ai pas fait connaître plus tôt ma résolution d'embrasser l'état religieux, c'est qu'il fallait tout assurer, tout prévoir, avant de faire une démarche qui devait affliger votre cœur. Mais, le moment décisif arrivé, j'ai besoin de m'ouvrir entièrement à celui que j'ai toujours chéri. Je suis déterminée à aller d'abord au Carmel pour y mieux étudier ma voie.... Quant à ma tendresse pour vous, pour mon frère, pour son fils, que vous en dirai-je ? Vous la connaissez tous, et vous savez qu'elle ne s'est pas démentie. Oh ! croyez qu'elle ne se dément pas davantage, par le parti que je prends. Elle vivra toujours au fond de mon cœur ; elle vous eût été inutile dans le monde. J'aime à croire qu'elle vous le sera moins aux pieds des autels. Je vous répète cela parce que il m'est doux d'en avoir, comme je l'ai, l'intime persuasion.... Ne retardez pas, je vous prie, mon départ. Les desseins de l'infinie bonté de Dieu, sur moi, doivent vous déterminer à n'y apporter aucun délai. Il serait, je l'avoue, au-dessus de mes forces, de remettre davantage un sacrifice auquel je suis si fermement résolue... Croyez, mon père, à la sincérité de mes vœux, pour que Dieu protége vos constants efforts et vos justes entreprises. Je vous embrasse, avec toute la tendresse que vous me connaissez. Oh ! si vous pouviez lire dans mon cœur ! »

Cette même lettre contient les détails, les plus minutieux et les plus touchants, sur les dispostlions que la princesse veut faire, avant de prendre le voile. Elle parle de « la somme d'usage pour la dot, qu'il sera juste de donner, si on le peut. « Mais, ajoute-t-elle, avec une admirable simplicité, s'il n'y a aucune possibilité, par suite de nos malheurs, cela ne mettra pas d'obstacle à mon admission. »

Elle remet, avec confiance, aux mains de son père, tous ses anciens serviteurs, « dont l'attachement, vu les circonstances, a été bien mal récompensé depuis plusieurs années. Il faut qu'ils soient dédommagés par la suite » (1).

« Je vous renvoie, dit-elle encore, à Mulheim, différentes choses à vous, votre petite voiture grise, du linge de table, etc... J'ai bien peur de céder à la tentation de vous retenir quatre couverts d'argent dont je me servirai pour la route, et que je serai bien aise de donner ensuite à ma femme de chambre. Au cas où vous ne le voudriez pas, vous auriez la bonté de me le mander, et je vous les renverrai. Ne méconnaissez pas, mon père, le cœur de votre fille, ne l'accusez pas d'insensibilité. Ah ! si je n'étais pas pour vous ce que je dois être, au lieu de m'attirer si fortement, Dieu me rejetterait, comme une offrande indigne de lui. » Quelques jours après, et sur le point de monter en voiture pour se rendre à Turin, chez les Carmélites, la princesse écrivait encore à son père avec un accent passionné :

« Ce mot d'adieu, j'ai peine à le prononcer ; et cependant ma résolution est plus ferme que jamais. Avant de vous quitter, avant une séparation, douloureuse mais nécessaire, j'ai besoin de vous prier de me pardonner, s'il m'est arrivé de vous affliger ou de vous déplaire... Que le Dieu si bon, auquel je vais me consacrer, vous protége ! Surtout, oh ! surtout, qu'Il daigne se faire connaître à vous ! que pourrais-je souhaiter de plus pour votre bonheur, mon père ! *Si scires donum Dei !* (2)

Nous avons dans ce dernier cri la révélation du motif déterminant qui conduisait Mme Louise dans le cloître. Le prince de Condé, nous l'avons dit, respectait et aimait la religion. Mais, comme le lui exprimait librement sa fille, « il était plus fort en théorie qu'en pratique. »

Quant au duc de Bourbon, sa conduite, bien moins régulière, avait altéré bien plus profondément sa foi ; et sa sœur, en lui écrivant, pouvait aller jusqu'à cette explosion de douleur chrétienne et fraternelle :

(1) Lettre du 7 août 1795.
(2) Lettre de septembre 1795.

« C'ést en versant des larmes amères que je demande à Dieu de se faire connaître à vous. Votre cœur souffrira une si grande peine quand il reconnaîtra ses torts envers celui qui l'a créé!...» (1)

Le duc d'Enghien, lui-même, jeune et léger, se souvenait trop du dix-huitième siècle.

Voilà le dard aigu dont la pointe faisait saigner le cœur de la princesse Louise ; voilà ce qu'elle aurait voulu changer, en prenant sur elle l'expiation des péchés de sa famille.

Aussi poursuivait-elle, avec une sorte d'opiniâtreté enthousiaste, l'idéal d'une vie qui ne tiendrait plus aucun compte des faiblesses du corps. « On veut m'effrayer, confiait-elle à son père, on veut m'effrayer, en me parlant des austérités de tel ou tel ordre, auquel je songe. Mais je me confie à Dieu,... et comme vous, je ne connais pas la peur. »

De chez les Carmélites, Mme Louise alla chez les Capucines, à Turin, puis à la Val-Sainte, en Valais, chez les Trappistines, fondées par l'abbé de Lestrange (2). Avec cette sublime colonie des fils et des filles de Saint-Bernard, que guidait un moine digne de cet incomparable ancêtre, la princesse alla jusqu'en Russie, demandant toujours à porter le joug d'une pénitence plus rigoureuse. Mais enfin, par l'organe de son directeur, et grâce aux conseils de l'impératrice Marie d'Autriche, Mme Louise trouva chez les Bénédictines du Très-Saint-Sacrement, à Varsovie, les constitutions qui convenaient à ses attraits, et dont la pratique se conciliait avec les exigences d'une santé que les fatigues et les malheurs avaient ébranlée.

C'est donc à Varsovie, en septembre 1802, que la princesse Louise de Bourbon-Condé devint sœur Marie-Joseph de la Miséricorde et prononça ces vœux solennels.

L'arrière-petite-fille du grand Condé connaissait trop l'histoire du siècle de Louis XIV ; elle était trop familière avec le souvenir de Bossuet, le meilleur ami de son aïeul, pour que, dans le choix du nom qu'elle prit avec le voile, on ne découvre pas le mystère de ses secrètes pensées.

La princesse se reprochait d'avoir trop aimé le monde et de s'être enivrée de l'admiration qu'on lui avait témoignée. Aussi,

(1) Lettres de septembre 1795.

(2) Il faut lire, sur ce sujet, la savante *Histoire de la Trappe*, par M. Gallardin, ou le résumé, si attachant, qui en a été fait par M. l'abbé Fillion, dans sa belle *Vie de Mlle Marie de Longevialle.*

dans sa naïve humilité, trouvait-elle une sorte de rapprochement entre les erreurs dont elle s'accusait et les fautes si éclatantes de la femme célèbre, dont l'Evêque de Meaux avait brisé les chaînes terrestres et scellé les nœuds divins. Et comme, autrefois, Mme de La Vallière avait voulu que son nom religieux lui fût une mémoire sans cesse renouvelée des années de ses égarements et des patients délais de la Providence; ainsi, Mme Louise voulut-elle porter, devant les autels, les prénoms de son père et de son frère, afin de les couvrir tous deux du manteau protecteur de la miséricorde du Ciel.

Pendant la cérémonie de sa profession, la princesse de Condé eut une autre ressemblance avec la duchesse de Vaujour. On se rappelle la vive peinture de Mme de Sévigné, écrivant à sa fille, après la consécration solennelle du 4 juin 1675 : « Elle fit cette action, cette belle, avec sa modestie et sa grâce ordinaires. » Le 29 septembre 1802, Louis XVIII, après avoir entendu prononcer les vœux de sa cousine, disait au prince de Condé : « J'ai été ému, attendri de la manière simple, noble et touchante dont elle a contracté les engagements qui nous l'enlèvent à jamais. »

Nous n'attarderons pas nos lecteurs à suivre tous les pas de la sœur Marie-Joseph de la Miséricorde, depuis son séjour en Pologne, à Varsovie, jusqu'à son embarquement pour l'Angleterre et son retour à Paris, vers 1817, lorsque, par une inspiration pleine de délicatesse, elle vint inaugurer l'Adoration Perpétuelle du T.-S. Sacrement, sous les voûtes du Temple; là même où Louis XVI et Marie-Antoinette avaient souffert leur longue passion.

Mais, avant de finir cette rapide esquisse, qu'il nous soit permis d'insister sur deux circonstances mémorables où l'âme chrétienne de la Princesse Louise se manifesta dans toute sa beauté surnaturelle.

On connaît le funeste dénoûment de la tragédie, si durement conduite, d'Ettenheim à Vincennes, qui épuisa pour toujours le sang des Condé. Louis XVIII n'osa point se charger lui-même d'annoncer à la pieuse Bénédictine la mort de son neveu; Il lui envoya l'abbé Edgeworth de Firmont, le même qui avait eu déjà l'insigne honneur d'accompagner Louis XVI, jusqu'aux frontières de l'éternité, et de lui montrer le Ciel, ouvert pour le couronner.

On peut aisément concevoir ce qu'une nouvelle, si peu attendue, produisit dans une âme où vivaient toutes les traditions du passé et qui appréciait à sa valeur le prix, désormais inutile, d'un nom illustre, sans héritier. Mme Louise, anéantie, se prosterna la face contre terre et, dans un silence aussi cruel que l'agonie, elle pria pour le jeune prince, pour celui qu'elle appela désormais de ce titre attendrissant : la victime de l'honneur.

Le lendemain, elle essaya d'écrire, pour la répéter après, tous les jours, la prière que son angoisse et sa résignation lui avaient dictée. On y lit ces expressions admirables, nées de ce que le cœur humain peut sentir de plus généreux et de plus fort (1).

« ...L'infortuné pour qui je réclame votre clémence, Seigneur, — la gloire et le malheur, telle a été sa carrière. Mais ce que nous appelons la gloire, est-il un titre à vos yeux ? Cependant, Seigneur, ce n'est pas non plus un démérite, quand la gloire a pour base l'honneur, toujours inséparable du dévoûment à quelques devoirs. Vous les savez, Seigneur, ceux qu'il a si bien remplis. Pour ceux auxquels il a pu manquer, que le malheur, dont enfin il a été la victime, en soit la réparation et la seule expiation !... »

On n'ajoute rien à de telles citations. Et toutefois la princesse, en 1821, trouve le moyen d'atteindre plus haut encore : elle dit à Mgr d'Astros, son confesseur et son ami, ces paroles, dignes du plus pur esprit de l'évangile : « Voilà Bonaparte mort ! Il s'était fait votre ennemi, en vous persécutant : je pense que vous direz une messe pour lui. Il s'était fait le mien en tuant mon neveu, et Dieu m'a fait la grâce, depuis ce moment-là, de le nommer tous les jours dans mes prières. J'ose donc vous demander de vouloir bien dire aussi, *de ma part*, une messe pour son repos éternel. »

Mais cette âme sainte, si résignée, n'en était pas moins « Rachel; elle ne voulait pas être consolée » ni guérir de sa douleur. « Pour le courage, disait-elle. je n'en ai point, et n'en veux point en ceci. Je me glorifie des larmes que je répands, et je remercie Dieu de m'avoir donné les sentiments, aussi justes que profonds, qui me les font répandre. »

Elle trouva cependant la force de prodiguer au duc de Bourbon et surtout au prince de Condé les plus tendres témoignages de ses sentiments de fille et de sœur.

La princesse réussit, par ses lettres, ses conversations, sa continuelle et douce influence, à sanctifier, à adoucir, autant au moins que cela était possible, les derniers jours de son père qui ne vécut que trois ans après la Restauration. La mort de ce

(1) Voir Crétineau-Joly. I. p. 528.

vieux guerrier, qu'un respect universel saluait comme le représentant le plus pur de l'honneur, fut digne de sa vie. A l'exemple des chevaliers, ses ancêtres, il s'endormit avec des paroles de pardon sur les lèvres ; et, comme il convenait à un descendant de Condé, sa dernière pensée fut pour la guerre et pour son Dieu. *Ubi bellum*, cria-t-il, *Credo in Deum !* La guerre était finie ; c'était la paix ; Dieu venait être son éternel repos.

Hélas ! avec cette nouvelle séparation, les douleurs, que sœur Marie-Joseph de la Miséricorde pouvait prévoir, n'étaient pas épuisées.

Je ne sais quel esprit fort murmura aux oreilles du duc de Bourbon que, dans sa situation de fortune, et par égard pour sa naissance, il devait divorcer d'avec Mme la duchesse de Bourbon, dont il était d'ailleurs séparé, depuis 1780.

Ce bruit prit assez de consistance pour arriver jusqu'à cette princesse, autrefois si fière de son sang et si jalouse de le voir continuer son cours glorieux à travers les âges. Écoutons ce qu'elle écrivit à son frère :

« Cher et tendre ami, ce que l'on doit le plus à ceux qu'on » aime, c'est la vérité... Ne cherchons jamais à nous faire illu- » sion sur ce qui est mal. Vous ne vous laisserez point aller à ce » dont il paraît qu'on cherche à vous occuper...

» Perpétuer notre branche ! Je n'ai pas besoin de vous dire ce » que je sens, ce que je pense, ce que je regrette et ce que je » pleure avec des larmes de sang. Mais pourquoi souiller notre » race, en vue de la perpétuer ? Et d'ailleurs, quelle certitude » d'avoir des enfants, d'avoir des garçons ? Pitoyables raisonne- » ments humains ! Nous oublions toujours, insensés que nous » sommes, qu'en toutes choses nous ne pouvons rien attendre » que de la seule volonté ou permission de Dieu...

» Au surplus, ce serait manquer essentiellement à la mémoire » de celui que nous pleurons, que d'en agir ainsi vis-à-vis de sa » mère, vis-à-vis de celle qui l'avait porté dans son sein ! »

Cette hauteur de vues, ce respect des convenances du cœur, cette acceptation soumise des plus terribles épreuves, cette amitié loyale et cette franchise, surtout ce respect des lois de Dieu et des principes de la religion, Mme Louise les portait dans tous les détails de sa vie et dans ses moindres actions.

Grâce à la liberté parfaite de son jugement, naturellement bon, mais fortifié par la méditation et la prière, elle prévoyait, souvent de très-loin, la conduite à tenir dans les plus difficiles conjonctures. Sa prudence égalait sa droiture ; sa droiture était au niveau de sa piété.

Dieu voulut enfin la récompenser de sa patience et de sa persévérante fidélité. Vingt ans après l'assassinat de ce cher neveu, tant aimé, et tant pleuré, le 10 mars 1824, la princesse de Condé mourut, — comme la Sœur Louise de la Miséricorde, la patronne de son cœur, avait vécu dans les austérités du Carmel : — *non pas aise, mais contente*.

Du côté du ciel, elle avait l'âme confiante et joyeuse. La béatitude, attendue, désirée, conquise, ne pouvait lui manquer.

Mais hélas ! en quittant la terre, elle y laissait son meilleur, son unique ami. — Et cet ami, qu'allait-il devenir ! De sinistres pressentiments, le fantôme d'une femme indigne, capable de tout oser, de basses cupidités, de savantes intrigues, voilà ce que, parmi les ombres de son agonie, Mme Louise put connaître ou soupçonner ! Qui sait si la nuit fatale du 27 août 1830, si la fenêtre et l'espagnolette de Saint-Leu ne lui furent pas montrées, dans un nuage sanglant ! Qui sait aussi, si cet affreux cauchemar, cette angoisse dernière n'étaient pas une épreuve suprême, par laquelle, dans son passage du temps à l'éternité, l'âme pure de la sœur, obtenait grâce pour les longues faiblesses de son malheureux frère ?

Dieu se cache à l'œil de l'homme. Nous ne pouvons ici que nous taire et adorer. Mais, quand les funèbres péripéties d'un drame, où la terreur le dispute à la honte, nous laissent comme glacés d'effroi, n'oublions pas que Dieu ne se laisse jamais vaincre en générosité. Par amour pour Lui, la princesse Louise de Condé devint sœur Marie-Joseph de la Miséricorde ! La Miséricorde aura, peut-être, en un moment, effacé des années d'ingratitude et d'oubli !

« Qui peut sonder, Seigneur, ta clémence infinie ! »

21 janvier 1867.

L'Abbé de CABRIÈRES.